Les arbres de Noël

Association des producteurs d'arbres de Noël du Québec

Traduction française : Jacinthe Bélisle
Adaptation : Henriette Major

EH Héritage jeunesse

Données de catalogage avant publication (Canada)

Vedette principale au titre:

Les arbres de Noël

ISBN: 2-7625-7462-5

1. Arbres de Noël - Québec (Province). 2. Forêts privées - Québec (Province). 3. Arbres - Plantation - Québec (Province). 4. Arbres de Noël - Culture - Québec (Province). I. Major, Henriette, 1933- . II. Association des producteurs d'arbres de Noël du Québec.

SB428.34.C3C4714 1993 635.9'7752 C93-096737-2

Traduction: Jacinthe Bélisle
Adaptation: Henriette Major
Illustrations et conception graphique: Georgetta Pusztaï

Dépôts légaux: 3e trimestre 1993
Bibliothèque nationale du Québec
Bibliothèque nationale du Canada

ISBN: 2-7625-7462-5

Imprimé au Canada

LES ÉDITIONS HÉRITAGE INC.
300, Arran, Saint-Lambert (Québec) J4R 1K5
(514) 875-0327

Cet ouvrage a été préparé par l'Association des producteurs d'arbres de Noël du Québec.

Ces producteurs ont un but en commun: celui de perpétuer la tradition de l'arbre de Noël naturel. Ils veulent rappeler que les plantations de conifères, en plus de contribuer à l'aménagement paysager, ont un effet bénéfique sur l'environnement.

Nous remercions le ministère de l'Agriculture, des Pêcheries et de l'Alimentation du Québec ainsi que l'Association des producteurs d'arbres de Noël de l'Ontario (Christmas Tree Growers Association of Ontario) pour leur contribution à la réalisation de cet ouvrage.

Fernand R. Plante, f.c.g.a.,
Président A.P.A.N.Q.

Table des matières

Note : Les mots en caractères gras sont expliqués au lexique de la page 45.

Avant les arbres de Noël

Les Églises chrétiennes célébraient autrefois la naissance du Christ le 6 janvier; au cours du IVe siècle, elles avancèrent cette fête au 25 décembre. Le changement rapprocha Noël du solstice d'hiver, qui se produit le 21 ou 22 décembre, alors que surviennent la journée la plus courte et la nuit la plus longue de l'année. À cause de sa proximité avec le solstice d'hiver, la fête de Noël hérita de plusieurs des coutumes païennes pratiquées depuis des siècles pour fêter cet événement.

Les arbres toujours verts

La décoration d'un conifère fait partie de la célébration de Noël dans de nombreuses régions du monde. Cette coutume est très ancienne car on a depuis bien longtemps utilisé les **arbres à feuilles persistantes** pour célébrer le solstice d'hiver. De même que la naissance de Jésus représente une promesse de résurrection pour les Chrétiens, les plantes qui restent toujours vertes rappelaient aux peuples primitifs que le printemps allait revenir et que de nouveau la terre allait porter des fruits en abondance.

Les Égyptiens, les Romains et les peuples du Nord

À cette époque de l'année les Égyptiens décoraient leurs demeures avec des palmes, alors que les Romains fixaient des feuillages verts à leurs portes et dans leurs temples. Les Romains célébraient pendant une semaine, à partir du 17 décembre, la fête des Saturnales en l'honneur de Saturne, le dieu de l'agriculture. Cette fête mettait à l'honneur la paix et l'égalité : pendant ce temps, on ne pouvait déclarer la guerre. Les maîtres et leurs esclaves mangeaient à la même table, et on échangeait des cadeaux en signe d'affection et de fraternité.

Les **plantes à feuilles persistantes** avaient une importance encore plus grande dans l'Europe du Nord, là où le solstice est plus prononcé et où l'hiver dure plus longtemps. Les peuples nordiques, comme les Celtes, les Anglo-Saxons et les Goths, croyaient que ces plantes étaient magiques. Selon eux, le gui, par exemple, avait des propriétés médicinales et on considérait le houx comme une plante sacrée. Pour les Vikings, le dieu-soleil Balder avait une prédilection pour les arbres verts ; aussi décorait-on les maisons de branches de pin ou de sapin pendant la période du solstice.

Les premiers arbres de Noël

Au Moyen-Âge

Au Moyen-Âge, on présentait dans les églises des villes et villages des pièces de théâtre appelées «mystères», qui traitaient de sujets religieux. La pièce qui se jouait traditionnellement le 24 décembre avait pour thème le paradis terrestre. Les historiens croient que la coutume de l'arbre de Noël viendrait de l'arbre du paradis, accessoire essentiel de ce drame. Comme en décembre les arbres fruitiers avaient perdu leurs feuilles, on eut l'idée, en Allemagne, d'utiliser un sapin ou une épinette pour remplacer le pommier.

Les décorations

Dans ces arbres verts, on accrocha des pommes, de même que des petits biscuits ronds qui symbolisaient la rédemption. Le conifère décoré de fruits et de biscuits plut beaucoup, à tel point que la tradition se répandit très rapidement. Les pommes furent par la suite remplacées par un assortiment de noix dorées ainsi que par des fruits et des légumes façonnés en pâte d'amandes; des biscuits en forme de coeurs, d'anges et d'étoiles remplacèrent bientôt les biscuits ronds. Les enfants ne devaient pas manger ces sucreries avant le 6 janvier quand enfin on secouait l'arbre. Puis, probablement parce que trop de décorations étaient mangées avant le temps, on les remplaça par des ornements de verre et de métal.

Les lumières

Au XIVe siècle, les gens commencèrent à placer des bougies allumées dans leurs arbres. Selon une légende, Martin Luther, fondateur de l'Église protestante, aurait introduit cette coutume pour rappeler aux enfants les étoiles qui brillaient au-dessus de Bethléem à la naissance de l'enfant Jésus. Au cours des années, s'ajouta une étoile brillante au sommet de l'arbre en symbole de celle qui guida les Mages vers l'étable.

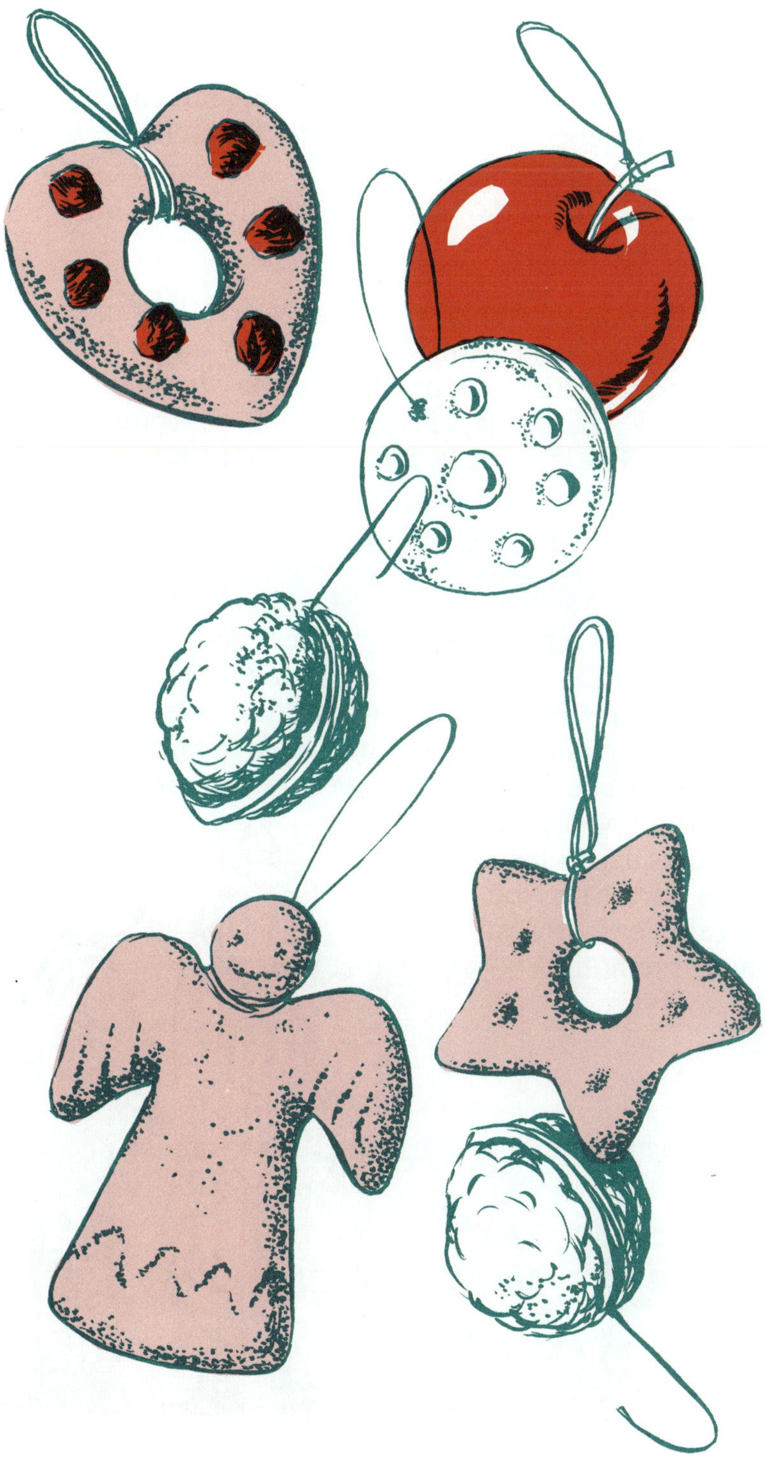

Les traditions canadiennes

Le premier arbre de Noël du Canada apparaît en 1781 à Sorel, au Québec. Le baron Frederick Von Riedesel, originaire d'Allemagne, choisit dans la forêt près de sa demeure un magnifique sapin baumier qu'il orna de bougies blanches.

Le deuxième arbre de Noël serait apparu à Halifax en 1846. Un marchand local, William Pryor, aurait coupé un conifère et l'aurait décoré de figurines de verre importées d'Allemagne, afin de plaire à son épouse allemande. Par la suite, la coutume se répandit rapidement grâce aux immigrants allemands et britanniques qui s'installaient un peu partout au Canada.

En Ontario, on fêtait Noël à la manière de l'Angleterre **victorienne**. Des groupes de chanteurs se déplaçaient de maison en maison, on échangeait des cartes de Noël brillamment colorées, et les tables étaient garnies de rôti de boeuf, de «plum pudding» et de tête fromagée. La veille de Noël au Québec, les enfants accrochaient leur bas près de l'arbre de Noël pour que l'enfant Jésus vienne le remplir de friandises.

La bûche de Noël

Autrefois, en Angleterre et dans d'autres pays d'Europe, on réunissait les parents, les enfants, les amis et toute la parenté pour aller chercher une grosse bûche dans la forêt. On la traînait vers la maison à l'aide de cordes. Tout en trinquant et festoyant, on mettait le feu à la bûche. On prenait soin d'entretenir la flamme pendant les douze jours que duraient les célébrations de Noël afin d'éloigner les ténèbres pendant ces journées les plus sombres de l'année. Aujourd'hui, un gâteau remplace la véritable bûche.

À Terre-Neuve, en plus de faire brûler une bûche pendant les douze jours de la célébration de la Noël, les Terre-Neuviens lançaient un morceau de cette bûche enflammée par-dessus le toit de leur maison, croyant ainsi se protéger du feu pendant l'année à venir.

Qu'est-ce qu'un conifère?

Les arbres que nous décorons à Noël font partie d'une étonnante famille de plantes, les conifères. Certains, comme les sapins Douglas géants, poussent en Colombie britannique et sont parmi les arbres les plus grands au monde; d'autres, comme les minuscules arbustes qui décorent nos parterres, sont parmi les plus attrayants.

En plus des sapins, épinettes et pins qui nous sont davantage familiers, il existe près de 600 espèces de conifères.

Le mot conifère signifie «qui porte des cônes». Chaque conifère produit des graines logées entre les écailles de ces cônes qui sont ses fruits. Les conifères sont aussi appelés «résineux» parce qu'ils sont gorgés de résine, une substance gommeuse qu'ils sécrètent. Ce sont généralement des **arbres à feuilles persistantes** parce que la plupart gardent leurs aiguilles durant tout l'hiver. Les aiguilles des conifères possèdent de remarquables qualités d'adaptation. Une cire les recouvre et empêche la perte d'eau. La résine qui les imprègne les aide à résister au gel. Même leur forme a un avantage en hiver, puisqu'elle n'offre aucune résistance au vent.

Leurs lieux de prédilection

Les conifères s'épanouissent là où les arbres feuillus ne peuvent survivre : dans le Grand Nord par exemple, où le sol est pauvre et peu profond et où l'humidité est emprisonnée dans les glaces pendant la plus grande partie de l'année ; à l'orée des déserts, là où le vent souffle fort et où le sol est sablonneux et sec; ou très haut dans les montagnes. Ces arbres à feuilles **persistantes** commencent le processus de **photosynthèse** très tôt au printemps, dès que le soleil réchauffe la terre et que la glace fond.

À cause de leurs caractéristiques, les conifères sont omniprésents dans les régions **boréales**, comme dans le nord de l'Europe, de l'Asie et du Canada. Dans les régions plus au sud, comme la vallée du Saint-Laurent ou le sud du Québec, on trouve une forêt mixte composée de conifères et d'arbres feuillus.

Comment identifier les conifères

La meilleure façon d'identifier un arbre est de regarder ses feuilles attentivement. Cela vaut également pour les conifères. Même si au premier coup d'oeil, toutes les aiguilles semblent identiques, elles sont en fait très différentes. Après avoir regardé les aiguilles, on remarquera d'autres caractéristiques, comme la forme des cônes ou la couleur et la texture de l'écorce. Soulignons que les arbres produisent des cônes de façon irrégulière et ce, seulement quand ils arrivent à l'âge de douze à quinze ans. Les cônes s'ouvrent à l'automne pour laisser échapper les graines.

Les conifères servent d'arbres de Noël depuis plusieurs siècles. Au Québec, les **essences** les plus populaires sont le sapin baumier, l'épinette blanche, le pin sylvestre et le pin blanc. Avec un peu de pratique, tu pourras aisément les distinguer. Étudie attentivement les descriptions et les illustrations et n'oublie pas de regarder les arbres de loin pour reconnaître leur silhouette.

Le sapin baumier
Abies balsamea

Le sapin baumier pousse presque partout au Canada, de Terre-Neuve à l'Alberta. C'est de loin l'arbre de Noël le plus populaire au Québec. Il est surtout apprécié pour son odeur agréable qui embaume la maison pendant des jours. À l'état sauvage, ces sapins ressemblent à d'étroites pyramides atteignant des hauteurs de 15 à 21 m. Le bois de ce sapin est recherché dans l'industrie des pâtes et papiers, alors que sa résine odorante, épaisse et huileuse sert à la préparation de certains médicaments. Les sapins conservent leurs aiguilles longtemps et sont un excellent choix pour un arbre de Noël, surtout s'il doit rester en place pour une période de temps prolongée. De plus, ce sapin est étroitement associé à la tradition de Noël.

Caractéristiques

Le jeune sapin baumier présente une écorce douce et parsemée de **boursouflures** remplies de résine odorante. De petits cônes d'environ 6 cm de hauteur sur 2 1/2 cm de largeur, de forme **oblongue**, se regroupent en bouquets dressés sur la branche. De 2 à 3 cm de longueur, les aiguilles, de couleur vert foncé et luisantes, s'arrondissent aux extrémités. Contrairement aux aiguilles de l'épinette, celles du sapin sont plates et ne roulent pas entre les doigts.

Brindille et cône de sapin baumier

L'épinette blanche

Picea glauca

Parmi les différentes espèces d'épinettes qui dominent la forêt boréale, l'épinette blanche représente la plus grande valeur commerciale puisqu'elle est très recherchée par les compagnies papetières. Elle pousse dans toutes les provinces et territoires du Canada, atteignant une hauteur moyenne de 25 m. Ses branches longues et minces soutiennent bien les décorations; son feuillage dense et ses proportions **symétriques** en font un arbre de Noël très acceptable. L'épinette a cependant besoin de très grandes quantités d'eau et doit être arrosée régulièrement pour ne pas perdre ses aiguilles.

Caractéristiques

Les jeunes arbres ont une écorce grise ou d'un brun rougeâtre, qui s'écaille sur les arbres plus âgés. Les cônes sont regroupés en bouquets très décoratifs. Les aiguilles d'environ 2 cm de longueur et de couleur vert foncé ou vert-bleu ressemblent à celles du sapin mais sont plutôt rondes et roulent facilement entre les doigts. Elles sont aussi plus rigides et légèrement recourbées. Enfin, elles dégagent une odeur âcre caractéristique quand on les écrase.

Brindille et cônes de l'épinette blanche

Le pin sylvestre

Pinus sylvestris

Le pin sylvestre, ou pin d'Écosse, n'est pas un arbre indigène, c'est-à-dire qu'il n'est pas d'origine nord-américaine. Il nous vient des régions tempérées d'Europe et d'Asie où il pousse en abondance. Introduit au Canada par les producteurs d'arbres de Noël, on le trouve maintenant à l'état sauvage à quelques endroits. C'est un arbre touffu et très résistant, qui conserve ses aiguilles pendant toute la période des fêtes. Les arbres des plantations répondent bien à la taille et prennent une belle forme conique avec peu d'espacement entre les branches. De croissance très rapide quand il est jeune, le pin sylvestre peut atteindre des hauteurs de 12 à 20 m et prend en vieillissant une forme tortueuse pittoresque.

Caractéristiques

La couleur du pin sylvestre varie du bleu-vert au jaune-vert. Les aiguilles, regroupées par deux et habituellement légèrement tordues, ont une longueur variant entre 4 et 8 cm.

L'écorce de la partie supérieure des branches est orangée ou brun orangé; elle est douce au toucher. Plus près du tronc, l'écorce devient plus grise ou d'un brun rougâtre, et le tronc est souvent couvert d'écailles. Les cônes poussent seuls ou en groupes de deux ou trois. Ils ont jusqu'à 8 cm de longueur. Les cônes, habituellement de couleur brun jaunâtre, possèdent de petits piquants à l'extrémité de leurs écailles.

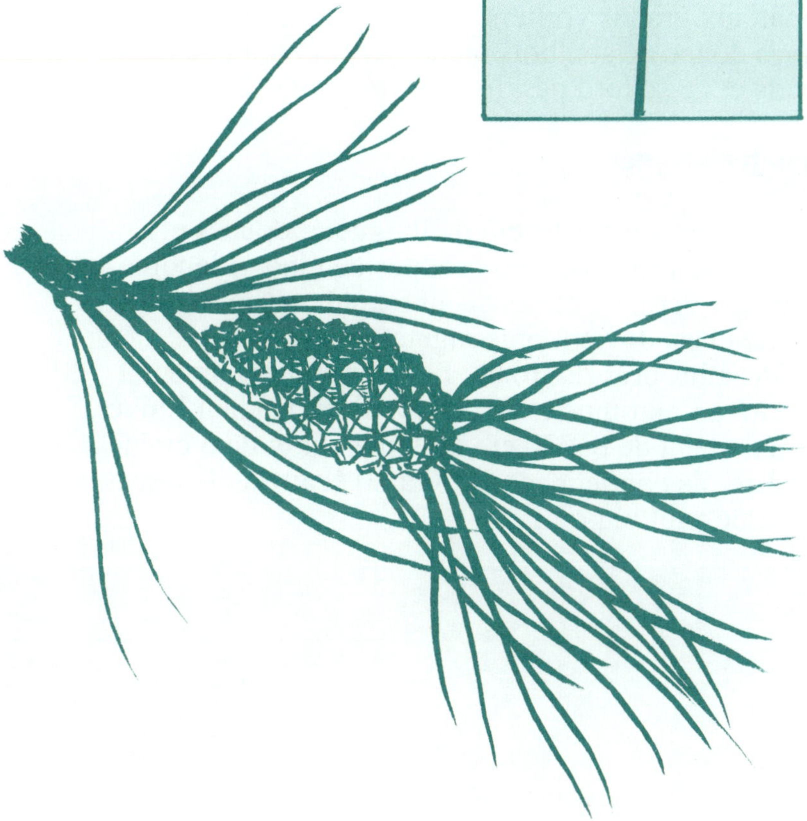

Aiguilles et cône du pin sylvestre

Le pin blanc

Pinus strobus

Certains considèrent le pin blanc comme le plus beau des arbres de Noël, même si ses longues aiguilles rendent sa décoration plus difficile. C'est le plus grand des conifères de l'est du Canada et on le retrouve très loin au nord, dominant la forêt **boréale**. Dans des conditions idéales, il peut atteindre un diamètre de 1,5 m et une hauteur de 45 m. À cause de sa grande taille et de sa résistance, il servait autrefois de mât aux grands voiliers. Les menuisiers aiment la texture douce de son bois blanc qui contient peu de noeuds et ne se tord pas, ni ne se rétrécit.

Caractéristiques

Les aiguilles, de 5 à 12 cm de longueur, douces et flexibles, se retrouvent en groupes de cinq. L'écorce, plutôt gris verdâtre et douce au toucher à l'extrémité des branches, devient plus rugueuse et d'un gris brunâtre plus près du tronc. Les cônes parviennent à maturité à l'automne et tombent au sol pendant l'hiver. Normalement de 8 à 20 cm de longueur et de 3 cm de diamètre, ils contiennent de 50 à 80 écailles disposées en spirale sur cinq rangées.

Aiguilles et cône du pin blanc

La culture des arbres de Noël

Une industrie importante

Il n'y a pas si longtemps, les arbres de Noël ne poussaient qu'à l'état sauvage, dans la forêt ou dans des champs **en friche**. De nos jours, la culture des arbres de Noël dans des plantations bien aménagées constitue une activité agricole importante qui fournit de l'emploi à des milliers de Canadiens. Les producteurs de la Nouvelle-Écosse, du Nouveau-Brunswick, du Québec, de l'Ontario et de la Colombie britannique fournissent chaque année environ 3 millions d'arbres pour le marché canadien. De plus, des milliers d'arbres de Noël canadiens sont exportés aux États-Unis, dans les Caraïbes et en Amérique centrale. Au Québec, quelques 500 producteurs produisent entre 1,5 et 2 millions d'arbres chaque année. Cette industrie rapporte annuellement quelque 20 millions de dollars au Québec, et donne de l'emploi à des centaines de travailleurs saisonniers.

La pépinière

La culture des jeunes plants de sapins commence à la **pépinière**, dans une serre ou dans un jardin à **semis**. Au bout de deux ou trois ans, les jeunes arbres sont transplantés dans une plate-bande de **croissance** où on leur fournit tout ce dont ils ont besoin pour produire des plants de qualité. Ils sont déjà âgés de quatre à cinq ans et hauts de 20 à 40 cm quand ils sont transplantés dans les champs, soit à la main ou, le plus souvent, à l'aide d'une **planteuse**. De six à dix années de plus s'écouleront avant que les arbres soient suffisamment grands pour être vendus.

Certaines personnes pensent que la culture des arbres de Noël est une activité de tout repos, mais les producteurs savent bien, eux, qu'il s'agit d'un travail à temps plein, qui dure toute l'année. Les périodes de travail les plus intenses se situent au début du printemps, à la fin de l'été et à l'automne.

La culture des arbres de Noël est un travail difficile mais très intéressant. Les producteurs pensent aussi qu'en produisant les plus beaux arbres possible, ils contribuent au bonheur des enfants pendant la saison de Noël.

Au printemps

Au début du printemps, les producteurs doivent préparer les **semis** et transplanter les jeunes plants dès que le sol le permet. Ils doivent aussi contrôler les mauvaises herbes qui envahissent les allées. Pour ce faire, quand les plants sont encore petits, on détruit cette végétation avec de l'**herbicide**, on pose du **paillis** ou on coupe le foin entre les rangs. Il faut aussi surveiller la plantation de près pour déceler la maladie ou la présence d'insectes nuisibles. Il faudra parfois utiliser des **pesticides**.

À la fin du printemps, les producteurs utilisent des **fertilisants** dans leur plantation pour accélérer la pousse. Des arbres en santé et bien nourris peuvent grandir de 30 cm au cours d'une année.

La taille

L'apparence des arbres est très importante pour les producteurs. L'arbre de Noël recherché doit être bien fourni et avoir une belle forme conique. De plus, le feuillage devrait cacher le tronc.

Pour être sûr d'obtenir ces qualités idéales, on taille les arbres soigneusement avec un sécateur ou un **émondoir** quand ils sont petits ou, quand ils sont plus grands, avec des couteaux du type machette ou encore à l'aide d'un appareil de taille mécanique fonctionnant à l'essence.

Il faut aussi émonder les branches inférieures avec un sécateur pour bien dégager le pied. L'**émondage** et la **taille** ont toujours lieu à la fin de l'été. À cette période, c'est aussi le temps de préparer le terrain pour les semis qui sont transplantés très tôt au printemps, ou parfois au début de l'automne.

Pour tailler ce conifère, cet ouvrier porte une jambière protectrice.

Les imprévus

Quand les producteurs ne travaillent pas dans leurs champs, ils passent beaucoup de temps à s'inquiéter de leur récolte. La surabondance de pluie ou de soleil nuit aux arbres. Ils peuvent aussi être endommagés ou détruits par le gel, les rongeurs, une invasion d'insectes, une maladie, la grêle ou le feu. Les broussailles, les plantes grimpantes et les mauvaises herbes peuvent les étouffer, et même quelquefois ils disparaissent des plantations, emportés par des voleurs. Il faut de douze à quinze années pour produire une récolte. Heureusement que les conifères sont, malgré tout, des arbres résistants et que les producteurs d'arbres de Noël sont des gens très persévérants.

Le transport

À l'automne, quelques producteurs vont dans leurs champs déterrer de petits arbres pour les empoter; en effet, certaines personnes préfèrent acheter des arbres de Noël vivants qu'elles planteront à l'extérieur au printemps. Les producteurs d'arbres de Noël connaissent une période d'activité plus intense au cours des mois de novembre et de décembre; les arbres sont alors coupés, étiquetés et emballés. On insère les arbres dans une sorte d'entonnoir métallique qui comprime les branches autour du tronc et enveloppe l'arbre dans un filet en plastique ou en ficelle. Cette méthode protège les branches pendant l'expédition et facilite la manutention des arbres. On peut entasser jusqu'à 800 arbres dans une grosse remorque pour les transporter vers les marchés.

Une culture écologique

La culture de l'arbre de Noël est particulièrement importante dans les régions aux sols pauvres ou à faible rendement, défavorables à d'autres types de cultures. Les conifères réussissent bien dans un sol peu profond et sablonneux.

En retour, grâce à leur système de racines, ils aident à prévenir l'**érosion** du sol par la pluie et le vent. De plus, les plantations d'arbres servent de refuges pour les petits animaux et les oiseaux. Comme tous les arbres et les plantes vertes, les conifères absorbent le **gaz carbonique** de l'air, grâce à l'action combinée de la **chlorophylle** et du soleil, et fabriquent de l'**oxygène** ainsi que la nourriture nécessaire à leur croissance.

Ce processus s'appelle la **photosynthèse**; sans lui il n'y aurait pas de vie sur la terre.

L'environnement

Les producteurs d'arbres de Noël sont de plus en plus conscients de l'effet des pesticides et des **fertilisants** sur l'environnement. Ainsi, plusieurs participent à des recherches pour trouver des **méthodes de culture biologiques** moins dommageables pour l'environnement.

Choisir un arbre de Noël

Chacun a son type d'arbre de Noël préféré. Quelques-uns préfèrent les pins aux longues aiguilles fragiles. D'autres choisissent les épinettes qui ne coûtent pas cher mais qui présentent un feuillage dense et une forme parfaite.

Mais au Québec, depuis des générations, ce sont les sapins baumiers aux branches touffues et fortes qui sont les plus recherchés, pour leur odeur qui embaume la maison, mais aussi pour leur résistance et leur beauté. Peu importe le type d'arbre que choisit ta famille, voici quelques précautions à prendre pour acheter le meilleur possible:

– Dégage l'endroit de la maison où sera installé l'arbre.

– Mesure la hauteur du plafond et le diamètre de l'espace disponible, pour avoir une idée des proportions de l'arbre désiré.

– Choisis un arbre fraîchement coupé: il conservera sa couleur et ses aiguilles plus longtemps et dégagera une odeur agréable pendant plusieurs jours.

Voici trois façons de constater si la coupe est récente:

1. Glisser la main à demi fermée le long d'une branche. Les aiguilles devraient glisser sous la main sans tomber.

2. Frapper le pied de l'arbre fermement contre le sol. Un arbre fraîchement coupé ne perdra pas ses aiguilles vertes.

Cependant, se rappeler que les conifères perdent des aiguilles constamment, aussi est-il normal de voir tomber des aiguilles jaunâtres qui s'étaient logées le long des branches.

3. Saisir une aiguille et la plier de façon à ce que son extrémité touche à sa base. À moins qu'elle ne soit gelée, elle devrait reprendre rapidement sa forme. Si les aiguilles sont gelées, on peut les réchauffer dans sa main avant de leur faire subir le test. Ce test est valable pour les pins, et non pour les sapins ou les épinettes.

Prendre soin d'un arbre coupé

Un arbre de Noël fraîchement coupé est encore vivant. Comme un bouquet de fleurs que l'on vient de cueillir, il faut le mettre dans l'eau pour qu'il conserve une bonne apparence et dure plus longtemps. Un arbre bien arrosé est plus sécuritaire parce qu'il s'enflamme moins facilement. Voici quelques conseils pour bien entretenir l'arbre pendant toute la période des fêtes.

1. Secouer l'arbre avant de le rentrer

Même si la plupart des conifères ne perdent pas leurs aiguilles tout d'un coup à chaque automne comme les arbres à feuilles caduques, ils renouvellent leurs aiguilles constamment. Les vieilles aiguilles peuvent se coincer entre les branches. Leur présence est normale et ne signifie pas que l'arbre est trop sec. Malgré cela, il est toujours préférable de secouer l'arbre vigoureusement, ou de le frapper au sol à quelques reprises avant de le rentrer dans la maison.

2. Faire une coupe fraîche à la base du tronc

Immédiatement avant de rentrer l'arbre dans la maison, on devrait toujours couper quelques centimètres en **biseau** à la base du tronc. Ceci permet d'enlever la résine sèche qui empêcherait une bonne absorption de l'eau. Le plus rapidement possible après cette nouvelle coupe, on fait tremper l'arbre dans l'eau. Si le tronc a le temps de sécher, il faudra de nouveau faire une coupe fraîche. Il faut agir de même avec les arbres qu'on entrepose à l'extérieur à des températures au-dessus du point de congélation.

3. Garder l'arbre à l'extérieur le plus longtemps possible

Si l'on doit entreposer l'arbre pendant un certain temps, il vaut mieux le garder dehors. Il ne séchera pas tant qu'il sera gardé au frais et à l'abri du soleil et du vent. Une galerie non chauffée ou un patio abrité sont des endroits parfaits.

Une fois à l'intérieur, l'arbre devrait autant que possible tremper dans l'eau, dans un endroit peu chauffé, comme une cave ou une véranda, avant d'être installé dans la maison. Cette mesure lui permet de s'adapter doucement au changement de température.

4. Bien arroser l'arbre

Il faut donner beaucoup d'eau aux arbres pour leur conserver leur fraîcheur et leur permettre de garder leurs aiguilles plus longtemps. Un arbre de 2 m de hauteur a besoin d'environ deux à quatre litres d'eau par jour. Le récipient dans lequel il repose doit contenir au moins quatre litres d'eau, mais il faudra le remplir souvent à cause de l'atmosphère sèche de la plupart des maisons. Le niveau de l'eau ne doit jamais descendre sous le pied de l'arbre.

5. Veiller à la sécurité

Un arbre placé dans l'eau conserve son humidité et n'est pas plus dangereux pour le feu que n'importe quelle plante d'intérieur. Pour prévenir l'assèchement de l'arbre, il faut toujours le placer loin des sources de chaleur, y compris les radiateurs et l'appareil de télévision. Il ne doit en aucun cas se trouver près d'une cheminée ou d'un poêle à bois. Finalement, on ne doit jamais mettre de bougies allumées dans un arbre. Les lumières et bougies électriques sont beaucoup plus sécuritaires ; il faut cependant s'assurer qu'elles portent le sceau d'approbation de l'Association canadienne de normalisation.

Un adulte devrait les examiner afin de vérifier la qualité des fils et des raccords. Enfin, chaque membre de la famille doit s'assurer que les lumières sont éteintes lorsque l'on quitte la maison ou au moment de se coucher.

Soulignons également qu'il est inutile d'ajouter un produit à l'eau pour prolonger la vie de l'arbre, ou de l'asperger de produits **ignifuges**.

Prendre soin d'un arbre vivant

Certaines personnes préfèrent acheter un arbre de Noël vivant et ainsi conserver un souvenir tangible de cette période de festivités. Les arbres vivants se vendent avec leurs racines enfoncées dans une motte de terre enveloppée de jute ou encore dans un pot ou un bac. Au printemps, les arbres vivants peuvent être transplantés à l'extérieur où ils continueront de grandir.

Cependant ils coûtent plus cher que les arbres coupés et s'avèrent plus difficiles à manier. De plus, les arbres vivants sont fragiles et nécessitent des soins particuliers pendant toute la saison des fêtes, sinon, ils risquent de mourir. Voici quelques recommandations pour bien choisir et entretenir un arbre vivant.

Le sol et l'emplacement

1. Choisir une **essence** d'arbre qui s'adaptera bien au milieu où il sera transplanté plus tard. La plupart des conifères s'épanouissent mieux à l'abri du vent, surtout quand ils sont jeunes. Et ils aiment tous un endroit ensoleillé. Les pins se développent davantage dans un sol bien drainé, mais pas trop riche, et tolèrent bien la pollution des villes. Les épinettes aiment un sol humide, mais survivent bien dans un sol plus sec si on les arrose abondamment pendant leurs premières années. Les sapins préfèrent un sol acide et humide, mais bien drainé.

Tes parents pourront s'informer auprès d'un producteur ou d'un pépiniériste pour connaître les espèces qui s'adaptent bien à ta région.

Il faut aussi retenir que plus l'arbre est âgé, plus il sera difficile de le transplanter.

La motte

2. S'assurer que la motte de terre autour des racines est bien compacte. Pour le vérifier, soulever l'arbre et le secouer doucement pour voir si la motte de terre se défait. Si les racines sortent de la motte de terre, l'arbre ne se développera pas bien. Transporter toujours l'arbre en tenant la motte de terre ou le pot et non le tronc.

L'arrosage

3. Arroser l'arbre dès son arrivée à la maison. Laisser l'excès d'eau s'égoutter pendant au moins une journée. Installer l'arbre dans un endroit frais, loin des sources de chaleur, et le vaporiser d'eau fréquemment.

La température

4. Un arbre vivant ne devrait pas passer plus de dix jours à l'intérieur de la maison. Que ce soit pour le rentrer ou pour le sortir, il ne faut jamais déplacer l'arbre d'une température extrême à l'autre sans transition. Si possible, laisser l'arbre s'adapter à une baisse ou à une hausse de température en le plaçant au moins une nuit dans un garage, ou dans une véranda semi-chauffée.

La transplantation

5. Au printemps, transplanter l'arbre le plus tôt possible, dès que le sol est dégelé.

Si on a pensé à creuser le trou avant que la terre ne gèle, y déposer l'arbre et le recouvrir de terre ou de paille. Si on ne l'a pas fait, entreposer l'arbre à l'extérieur jusqu'au printemps, dans un endroit abrité. Le coucher et recouvrir généreusement ses racines de paille et de neige pour les protéger du gel. En couvrant l'arbre soigneusement on lui permet de ne pas dessécher.

L'arbre après Noël

Pour les oiseaux

Les arbres de Noël peuvent encore servir même après la saison des fêtes. Pourquoi ne pas laisser ton arbre près de la mangeoire d'oiseaux dans ta cour ? Les mésanges, sitelles et autres petits oiseaux y trouveront refuge.

On peut aussi décorer l'arbre de nouveau, mais cette fois avec des friandises appréciées des oiseaux. En plaçant l'arbre près d'une fenêtre, tu pourras les voir se régaler parmi les guirlandes de maïs soufflé et de canneberges, les boules de suif piquées de graines de tournesol, les arachides et morceaux de noix de coco, les pommes, les boules de beurre d'arachide mêlées avec des flocons d'avoine, ou les morceaux de gâteau rassis et les biscuits cachés parmi les branches. Certains matins froids de janvier, ton arbre procurera un festin inespéré aux geais bleus, juncos et roselins pourprés.

Si tu laisses ton arbre dehors pour les oiseaux, n'oublie pas d'enlever tous les glaçons en papier métallique. Les oiseaux essaieraient d'avaler ces fils brillants et risqueraient d'en tomber malades.

Retour à la nature

Les arbres de Noël sont **biodégradables**, ce qui signifie qu'ils se décomposeront un jour en **humus** pour retourner nourrir le sol. Les éléments nutritifs d'un vieil arbre de Noël pourront un jour reprendre vie dans un nouvel arbre. Les branches et aiguilles font de l'excellent paillis pour le jardin, particulièrement pour les plantes comme les rhododendrons qui aiment un sol acide.

En fait, dans certaines grandes villes, comme Montréal et Toronto, on ramasse les arbres de Noël à l'occasion de collectes spéciales, et on les déchiquette mécaniquement pour en faire un paillis utilisé dans les plates-bandes municipales pendant l'été.

De grandes quantités d'arbres peuvent servir à empêcher l'érosion des sols et du sable, particulièrement sur les plages, alors que de vieux arbres empilés dans la forêt fournissent un refuge apprécié des lièvres et autres petits animaux.

Enfoncés dans un étang à poissons, les arbres font d'excellents refuges et points d'alimentation.

Pour l'odeur

Certaines personnes aiment conserver les aiguilles du sapin baumier dans des sachets. On les utilise dans les tiroirs, pour le parfum agréable qu'elles communiquent aux vêtements et couvertures. On peut aussi s'en servir pour rembourrer des coussins pour le salon ou la chambre à coucher.

Fabriquer des décorations
selon différentes cultures et traditions

De l'époque victorienne,
la corne d'abondance

Les décorations d'autrefois étaient fabriquées à la main et souvent comestibles. Par exemple, on décorait des cornets en papier et on les remplissait de noix et de sucreries: on appelait ce contenant «la corne d'abondance».

Pour la fabriquer

1. Dans un papier fort de couleur vive, découper un quart de cercle d'environ 20 cm de côté.
2. Rouler le papier et le coller en place pour former un cône.
3. Quand la colle est sèche, décorer le cône avec des bouts de ruban, de dentelle, de papier argenté, etc.
4. Percer deux trous près de l'ouverture et y passer un ruban ou une cordelette.
5. Remplir de bonbons, de noix ou autres gâteries et suspendre dans l'arbre de Noël.

De la même époque, la guirlande de maïs soufflé

Les guirlandes de maïs soufflé étaient très populaires vers les années 1860. Vers la fin du siècle, on y ajoutait des canneberges pour une touche de rouge, ou on teignait le maïs soufflé en vert et en rouge.

Pour les fabriquer

1. À l'aide d'une aiguille, enfiler le maïs soufflé sur un fil double.
2. Ajouter de la couleur soit en utilisant des canneberges ou en teignant les grains de maïs en rouge et en vert avec de la teinture végétale.
3. Attacher plusieurs longueurs de fils ensemble pour faire une guirlande qu'on pourra enrouler autour de l'arbre de Noël.

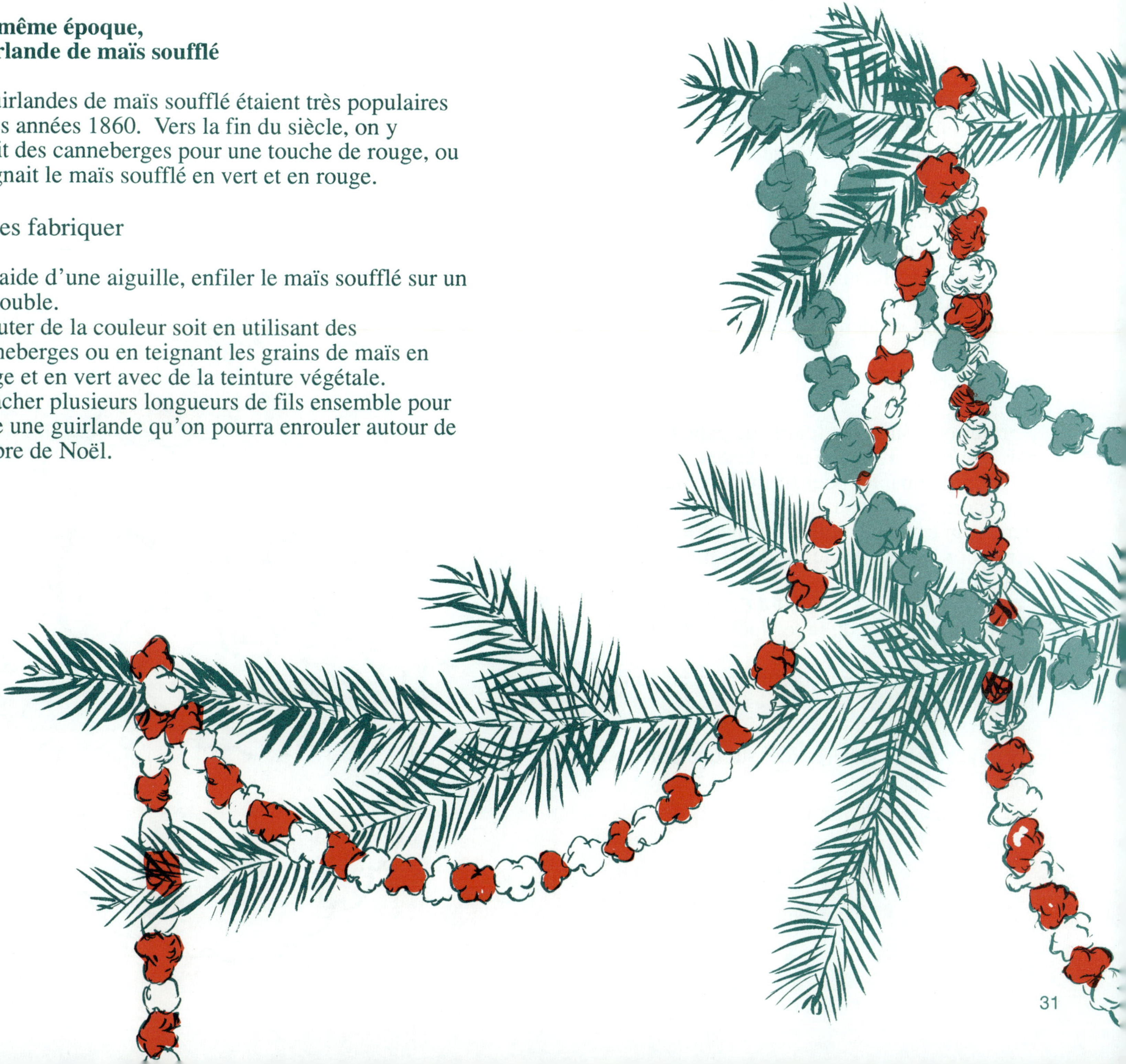

Des temps modernes, le père Noël

Le père Noël est la version moderne de saint Nicolas, le patron des enfants en Russie, en Grèce et en Hollande. Des légendes rapportent que de son vivant, il distribuait des sacs pleins d'or aux familles menacées de famine, et qu'il aidait les marins perdus à rentrer au port.

La coutume d'offrir des cadeaux à Noël viendrait de ces légendes. Les Hollandais introduisirent le père Noël à New York; il est maintenant associé à la fête de Noël un peu partout en Occident.

Pour le fabriquer

1. Agrafer ou coller une feuille de papier fort sur la partie supérieure d'une assiette de carton.
2. Découper le papier pour former un triangle qui deviendra le chapeau du père Noël.
3. Percer un trou au sommet du chapeau. Passer une petite corde à travers le trou et la nouer pour former une ganse.
4. Coller de la ouate sur le bord du chapeau.
5. Dessiner le visage du père Noël sur l'assiette de carton.
6. Coller de la ouate pour dessiner des sourcils et former une barbe.

On peut accrocher le père Noël sur une porte ou dans l'arbre de Noël.

Du Mexique,
la *piñata*

Au Mexique, il n'y a pas de fête sans *piñata*.
La *piñata* est une jarre de terre cuite recouverte de papier coloré et de serpentins et remplie de bonbons et de friandises. Quelquefois la jarre a la forme d'un animal.

La *piñata* est suspendue au cadre d'une porte ou au plafond. On bande les yeux des enfants qui sont ensuite invités à frapper chacun leur tour sur la *piñata* avec un long bâton.Quand le récipient se brise sous les coups, les enfants se précipitent pour récupérer les cadeaux et les bonbons éparpillés sur le sol. On peut aussi fabriquer la *piñata* en papier mâché.

Pour la fabriquer

1. On aura besoin de deux gobelets en papier (de préférence ceux qui sont en forme de cône). Introduire les bouts d'un cure-pipe à travers la pointe de l'un des deux gobelets. Les tortiller à l'intérieur du gobelet en laissant une boucle à l'extérieur.
2. Placer les bords des deux gobelets l'un sur l'autre après avoir déposé quelques friandises à l'intérieur. Coudre le pourtour avec du fil fort.
3. Vaporiser ou peindre avec de la peinture dorée, argentée ou colorée. Quand la *piñata* est sèche, on peut la décorer de dessins de son choix.

D'Angleterre, la couronne de Noël

La couronne de houx, cet arbuste toujours vert, est un symbole d'espoir et de renaissance au coeur de l'hiver.

Pour la fabriquer

1. Évider le centre d'une assiette de carton.
2. Percer un trou dans la bordure de l'assiette. Y introduire un bout de corde qu'on nouera pour former une boucle.
3. Découper des carrés de 6 cm de côté dans du papier vert.
4. Y tracer des feuilles de houx (voir modèle) et les découper.
5. Disposer ces feuilles sur la couronne de carton et les coller en les faisant se chevaucher.
6. Décorer de petits ronds rouges pour imiter les baies.

Du Danemark, un lutin en cône de pin

La veille de Noël au Danemark, on garde toujours un bol de pouding au riz pour le *Nisse*. Le *Nisse* est un lutin qui protège les animaux de la grange et les autres animaux domestiques de la ville ou de la campagne.

Le *Nisse* ressemble un peu au père Noël avec son chapeau rouge et sa barbe. On le retrouve sur les cartes de Noël danoises et dans les arbres de Noël.

Pour le fabriquer

1. Tu auras besoin d'un cône de pin, d'une petite boule en styromousse, d'un bout de papier rouge et d'un peu d'ouate.
2. Peindre ou coller les traits du lutin sur la boule de styromousse.
3. Coller un peu d'ouate sur sa tête et sur son menton pour simuler cheveux et barbe.
4. Fabriquer un cône en papier rouge et en coiffer le lutin en ajoutant de la colle sur le pourtour.
5. Coller la tête du lutin sur le cône de pin. Le suspendre dans l'arbre de Noël à l'aide d'un fil métallique.

DES JEUX POUR T'AMUSER

MOT CACHÉ

Pour trouver le mot caché, il faut rayer sur le tableau tous les mots de la liste ci-dessous. Les lettres qui restent forment un mot qui désigne l'une des décorations traditionnelles de l'arbre de Noël.

aiguilles
Avent
cadeaux
celtique
chandelle
chant
cire
conifère
eau
gai
gui
hiver
houx
Noël
odeur

paix
père Noël
piñata
pins
plantation
résine
réveillon
sapin
sève
sitelle
solstice
tronc
tuque
vert
visite

C	S	A	P	I	N	A	T	A	C	T	C
H	I	V	E	R	E	S	I	N	E	R	O
A	T	E	R	E	V	E	I	L	L	O	N
N	E	N	E	T	I	V	E	R	T	N	I
D	L	T	N	C	S	E	V	E	I	C	F
E	L	E	O	A	I	O	T	U	Q	U	E
L	E	A	E	D	T	O	D	E	U	R	R
L	C	U	L	E	E	C	I	R	E	H	E
E	H	P	L	A	N	T	A	T	I	O	N
G	A	I	G	U	I	L	L	E	S	U	O
U	N	N	E	X	E	L	P	A	I	X	E
I	T	S	O	L	S	T	I	C	E	I	L

MOTS CROISÉS

Verticalement

1. On fabrique des couronnes de Noël avec des ________ de sapin.
2. Avant d'installer son arbre de Noël dans la maison, il faut couper le _______ en biseau.
3. Couleur d'un arbre de Noël naturel.
5. Sans toutes les _________ multicolores, Noël ne serait pas Noël.
6. Endroit où poussent beaucoup d'arbres de différentes espèces.
10. Les graines des conifères sont enfermés dans des _____________.
12. Aides du père Noël.
14. Est souvent placée tout en haut de l'arbre de Noël.
16. Fête très attendue des enfants.

Horizontalement

4. À Noël, il brille de toutes sortes de couleurs (3 mots).
7. Couleur typique de Noël, combinée avec le vert.
8. Conifère que l'on reconnaît à ses longues aiguilles fines.
9. Peau de l'arbre.
11. La plupart des conifères conservent leurs __________ tout l'hiver.
13. Conifère que l'on reconnaît à ses petites aiguilles raides qui roulent entre les doigts.
15. Il faut en donner beaucoup aux arbres de Noël pour les empêcher de sécher.
17. Conifère que l'on reconnaît à sa bonne odeur et à ses aiguilles plates.
18. La plupart des conifères ont des _______________ persistantes.

LE LABYRINTHE DE LA FORÊT

Dans cette forêt, plusieurs arbres ont pris une fausse identité. Ceux qui portent leur nom véritable te mèneront à la sortie. Suis avec ton crayon jusqu'à ce que tu aies trouvé un chemin continu jusqu'à l'arrivée.

PIN
BLANC
PIN
SYLVESTRE
NOYER
HÊTRE
SAPIN
BAUMIER
SORBIER
BOULEAU
ÉPINETTE
BLANCHE
ARRIVÉE

MOTS CROISÉS

Verticalement

1. Personne qui fait la culture des arbres de Noël.
2. Plante à feuilles persistantes associée aux fêtes de Noël.
3. Couche de paille destinée à préserver l'humidité du sol.
5. Plantation de sapins ________.
6. Le ____________ pourpré hiverne dans le sud-ouest du Québec.
9. L'arbre de Noël décoré, la messe de minuit et le réveillon sont des ________ de Noël.
13. Les _________ des cônes s'ouvrent à l'automne pour laisser échapper les graines.
14. Bel oiseau bleu à huppe très bruyant.
17. Arbres résineux dont les graines sont enfermées dans des cônes.
18. Récipient de terre cuite colorée, rempli de bonbons et de petits cadeaux, suspendu à une corde.

Horizontalement

4. Nom complet du conifère qui est le plus utilisé comme arbre de Noël au Québec (2 mots).
7. Il est formé d'écailles et porte des graines.
8. Oiseau au dos gris et à la tête rayée de noir et de blanc qui picore les troncs d'arbres la tête en bas.
10. La ____________ de décorer un sapin à Noël serait d'origine allemande.
11. Elle sert à décorer la porte d'entrée ; elle est souvent fabriquée avec des branches de sapin.
12. Petit oiseau à tête noire que l'on retrouve souvent près des mangeoires en hiver.
15. Arbuste à feuilles luisantes et persistantes et aux fruits rouge vif.
16. Ils peuvent causer d'importants dommages dans les plantations de sapins.
19. Dans l'arbre de Noël pour les oiseaux, on peut suspendre une ________ de grains de maïs soufflés.
20. La __________ aide les conifères à résister au gel.
21. Les aiguilles sont recouvertes de _________ pour empêcher l'eau de s'évaporer.
22. Les producteurs d'arbres de Noël utilisent des _________ du type machette pour tailler leurs arbres.
23. La __________ des arbres de Noël est une activité agricole importante au Québec.

MOTS CROISÉS

Horizontalement

1. Plante à feuilles persistantes, associée à la période de Noël.
3. Nom latin du sapin.
4. Synonyme de nuage.
5. Scénario d'un film ou d'une émission de télévision.
6. Carte à jouer. - Gaz dont on se sert pour gonfler les ballons de fête.
7. Trois personnages importants qui sont venus visiter l'enfant Jésus peu de temps après sa naissance.
8. Pièce de métal très pointue. - Abréviation utilisée pour désigner les États-Unis. - «Tout ce qui brille n'est pas...»
9. Femelle du loup. - Les deux consonnes du mot «nouveau».
10. Le verbe «fuir» à la troisième personne du singulier du futur. - Conifère en abondance dans le nord du Québec.
11. Le mot «emplois» en anglais - Joyeux - Au Canada, synonyme de toboggan.
12. Finale du verbe aimer. - Étendues de terre entourées d'eau. - Légume utilisé dans les pots-au-feu.
13. Arbre portant des cônes.
14. Procédé chimique qui permet aux arbres de transformer le gaz carbonique en oxygène. - Les personnages de la chèche de Noël en Provence.

Verticalement

1. Cri de surprise que l'on pousse en découvrant ses cadeaux.
2. Pronom personnel.
3. Étendue de terrain où poussent beaucoup d'arbres de différentes espèces.
4. Association.
5. Moments libres que l'on utilise pour se distraire.
6. Sentiment d'affection.
7. Petit sapin de Noël qui pousse à l'état naturel.
8. On célèbre leur passage le premier janvier. - Carte à jouer.
9. Morceau de bois.
10. Elles illuminent la saison des Fêtes. Préposition. On la fête le 25 décembre.
11. Pronom personnel masculin. - On en fait beaucoup avant que commencent les vacances.
12. Conifères que l'on retrouve dans beaucoup de maisons à Noël. - La période des fêtes n'en manque pas.
13. Pronom personnel - Il est le plus gâté à Noël (lettres mêlées).
14. Les branches de cette couleur sont le symbole du renouveau et de la vie.
15. Le rire du père Noël. - Adjectif possessif féminin. - Dieu égyptien du soleil, à tête de faucon.
16. Pièce de viande cuite au four. - Préposition.
17. Préposition.
18. Participe passé du verbe avoir.
19. Unique.

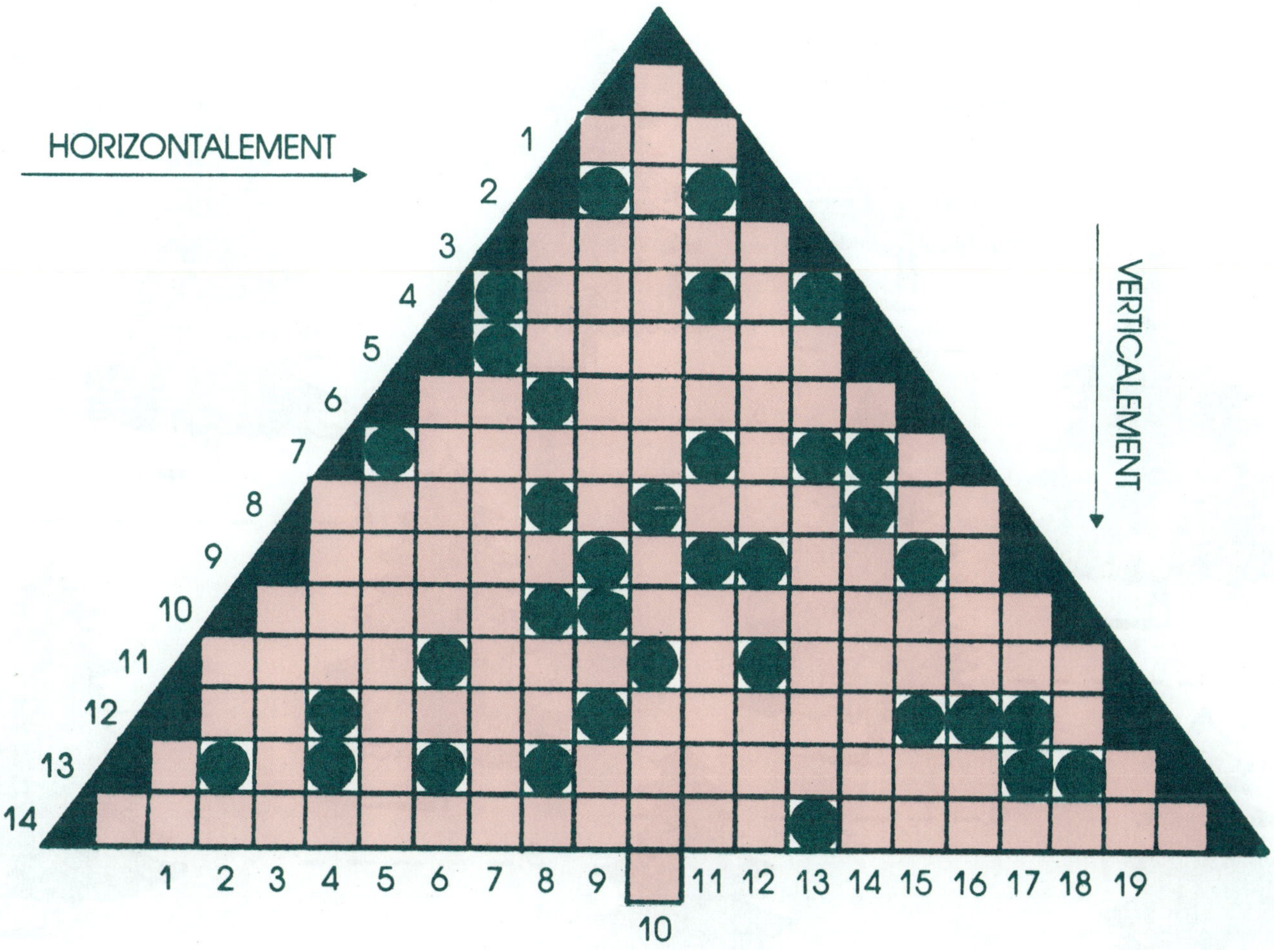
HORIZONTALEMENT
VERTICALEMENT
1
2
3
4
5
6
7
8
9
10
11
12
13
14
1 2 3 4 5 6 7 8 9 10 11 12 13 14 15 16 17 18 19

MOTS À DÉMELER

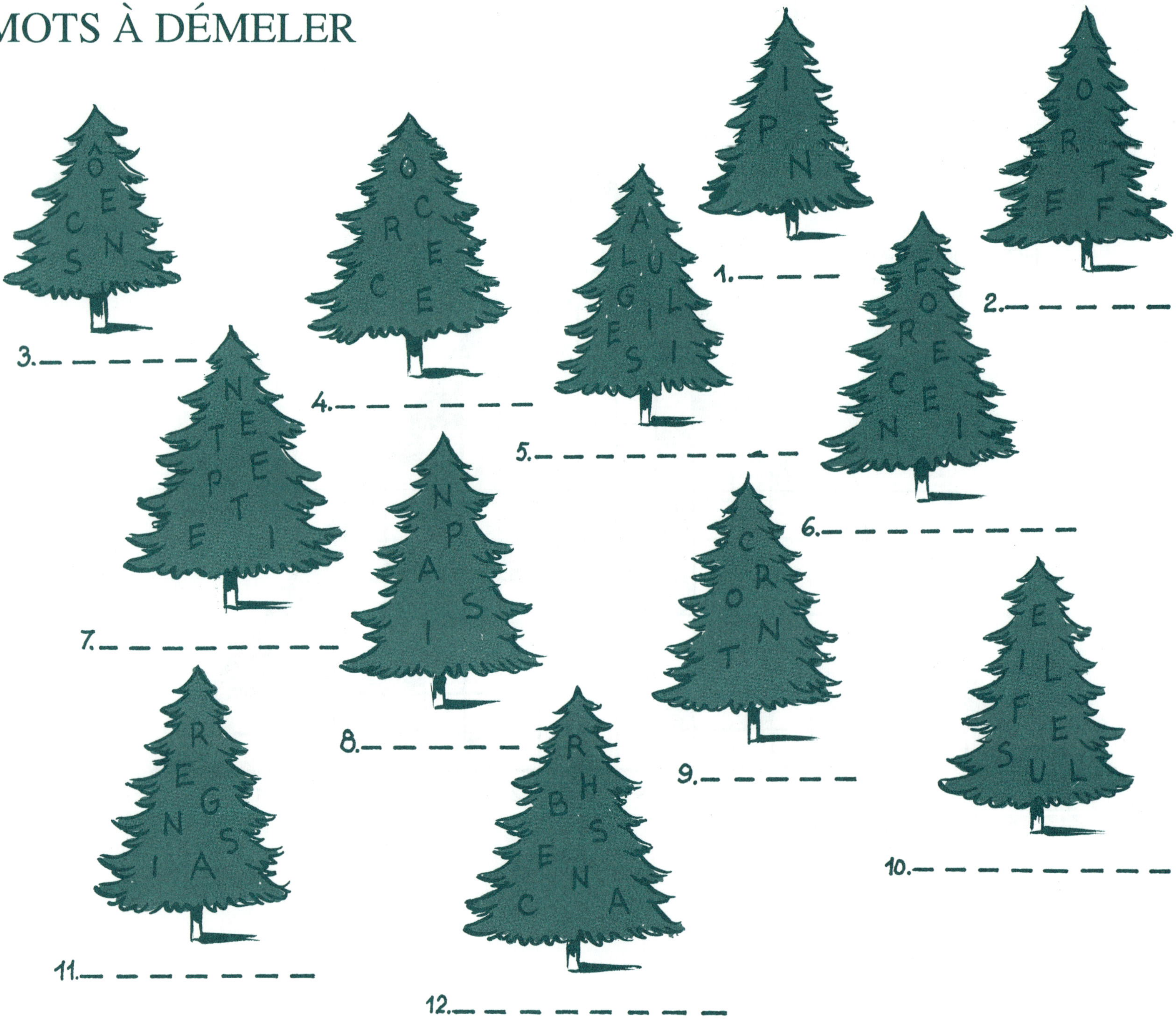

LEXIQUE

arbres ou plantes à feuilles persistantes : arbres ou plantes dont les feuilles restent vivantes pendant plus d'une saison de croissance ; la plupart des conifères sont des arbres à feuilles persistantes.

biodégradable : qui peut être décomposé dans la nature, pour former de l'humus ou des produits non dommageables pour l'environnement.

biseau : taille oblique.

boréale : qui est au nord.

boursouflure : gonflement.

chlorophylle : matière colorante qui donne aux plantes leur couleur verte ; sous l'action de la lumière, la chlorophylle absorbe le gaz carbonique contenu dans l'air et rejette de l'oxygène (voir photosynthèse).

émondage : opération qui consiste à couper des branches, soit pour améliorer la forme de l'arbre soit pour dégager la base du tronc.

émondoir : outil servant à tailler les arbres.

en friche : non cultivé.

érosion : usure que les eaux font subir au sol.

essence : espèce (d'un arbre) ; le sapin baumier, le sapin Douglas, le sapin Fraser, l'épinette blanche, le pin sylvestre et le pin blanc sont différentes espèces (ou essences) d'arbres.

fertilisant : engrais chimique ou naturel qui compense la pauvreté du sol ; parmi les fertilisants, on retrouve des engrais végétaux (plantes enfouies dans le sol avec le labour), des engrais organiques (fumier, poudre d'os, algues, etc.) et des engrais chimiques (azote, potassium, phosphate, etc.).

gaz carbonique : gaz résultant de la combinaison de carbone et d'oxygène (formule chimique : CO_2) ; le gaz carbonique que l'on retrouve dans l'air ambiant est rejeté soit par la respiration des humains ou des animaux, soit par la combustion de matières organiques en présence d'oxygène, ou par la fermentation. Les plantes absorbent le gaz carbonique et contribuent à purifier l'air (voir photosynthèse).

herbicide : produit qui détruit la végétation.

humus : terre formée par la décomposition des végétaux.

ignifuge : qui empêche l'arbre de prendre feu facilement.

indigène : se dit d'un arbre ou d'une plante qui vit naturellement dans une région.

machette : grand couteau.

méthodes de culture biologiques : façons de cultiver les arbres de Noël par lesquelles les producteurs utilisent le moins de produits chimiques possible ; par exemple, en utilisant du compost, de l'engrais vert ou du fumier à la place des engrais chimiques ;

en utilisant du paillis (voir ce mot) autour des arbres, à la place d'herbicides; ou en s'assurant que les arbres sont en parfaite santé pour leur permettre de résister aux maladies ou aux invasions d'insectes.

oblongue : qui est plus longue que large.

oxygène : gaz indispensable à la plupart des êtres vivants; l'atmosphère est composée d'un cinquième d'oxygène.

paillis : couche de paille, de feuilles, ou d'autres matériaux organiques, qui sert à conserver l'humidité dans le sol et à empêcher les mauvaises herbes de pousser.

pépinière : terrain où l'on fait pousser les jeunes arbres de Noël.

pesticide : produit qui sert à éliminer les insectes nuisibles dans les plantations; insecticide.

photosynthèse : processus par lequel les plantes vertes produisent des hydrates de carbone à partir du gaz carbonique de l'air, qu'elles absorbent grâce à la chlorophylle. Pour se réaliser, la photosynthèse utilise la lumière; c'est pour cette raison que l'on dit qu'une plante a besoin d'air et de lumière pour vivre.

plantation: endroit où l'on cultive des arbres de Noël.

planteuse : machine tirée par un tracteur qui creuse un sillon. Une personne y dépose alors les jeunes plants, puis la machine referme le sol autour des racines.

semis : très jeunes plants provenant de graines; on considère que les jeunes plants de sapins de moins de 4 ans sont des semis.

symétrique : correspondance exacte de parties opposées.

taille : opération qui consiste à donner une forme conique aux arbres en coupant les petites branches qui dépassent; les producteurs d'arbres de Noël utilisent des couteaux en forme de machette, des sécateurs ou de longs couteaux actionnés par un moteur à essence pour tailler les arbres; la taille des arbres a toujours lieu en été, à partir du mois de juillet.

victorien, ienne : relatif au règne de la reine Victoria d'Angleterre (1837-1901); les modes typiques de cette époque.

Pour en savoir plus long

Une visite dans une plantation d'arbres de Noël, ou encore chez un marchand local est peu coûteuse et permet d'apprendre beaucoup de choses à propos des conifères.

L'arbre que vous retrouverez le plus souvent dans les plantations du Québec est le sapin baumier. Mais plusieurs producteurs cultivent maintenant d'autres **essences**, comme l'épinette blanche, le pin sylvestre et le pin blanc.

Pour plus de renseignements, on peut s'adresser à:
L'Association des producteurs d'arbres de Noël
du Québec Inc.
192, Rang 7
Arthabaska (Québec)
G6P 6S2

Bibliographie

LAFRENIÈRE, Jacques. *J'aime les conifères.* Montréal, Éditions de l'homme, 1989 (Coll. «Pouce vert»).

LANDRIAULT, Jean. *Guide d'identification des arbres du Canada.* La Prairie, Éditions Marcel Broquet, 1987.

LACOURSIÈRE, Estelle. *L'arbrier québécois.* Édition Québec science, 1982.

SOLUTIONS POUR LES JEUX

Mots à démêler (p. 44)

1. PIN
2. FORÊT
3. CÔNES
4. ÉCORCE
5. AIGUILLES
6. CONIFÈRE
7. ÉPINETTE
8. SAPIN
9. TRONC
10. FEUILLES
11. GRAINES
12. BRANCHES

Mot caché (p.36) : ÉTOILE

Mots croisés (p.37)

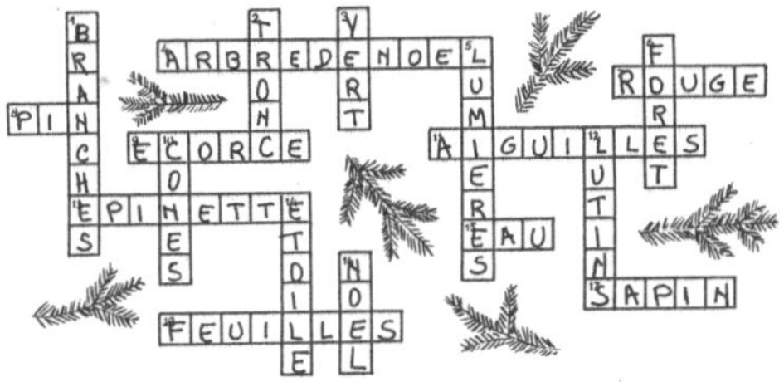

Mots croisés (p.43)

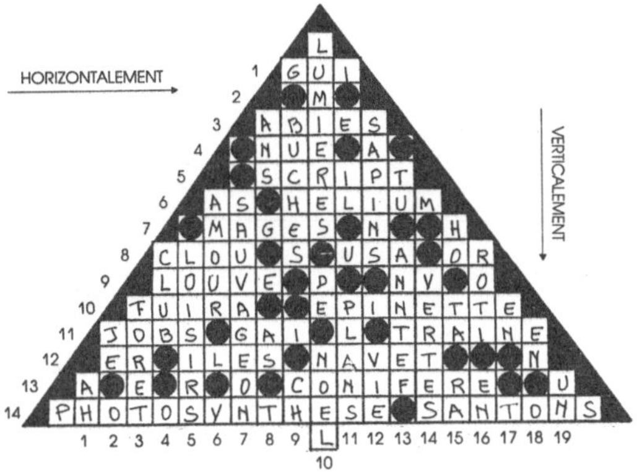

Mots croisés (p.41)

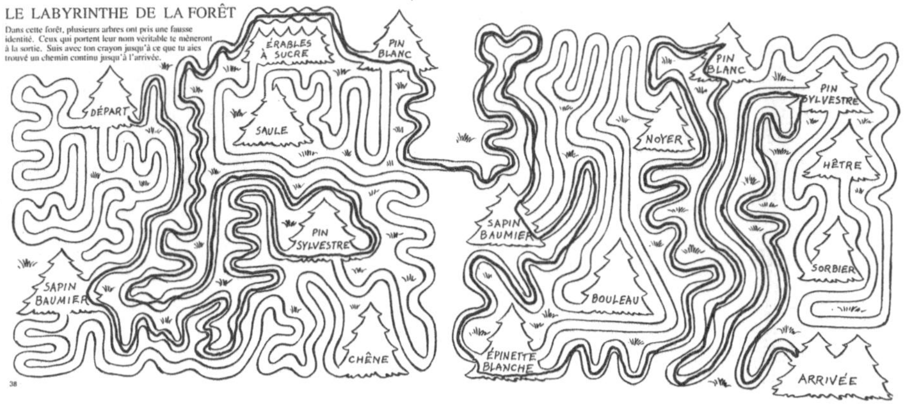